Toni Webber

HOEVEN EN HOEFIJZERS

LRV

LA RIVIERE & VOORHOEVE

First published in the English language as *Threshold Picture Guide: Number 16, Feet and Shoes*

ISBN 90 384 0627 4
NUGI 462
Illustraties: Carole Vincer
Vertaling: Gertrud Jetten

Inhoud

Inleiding

Iedere paardebezitter is het ermee eens dat de hoeven een heel belangrijk onderdeel vormen van het paardelichaam. Door verwondingen van de hoeven kunnen paarden vaak maandenlang niet gebruikt worden. Paardekopers die geen aandacht besteden aan problemen met de hoeven doen dat op hun eigen verantwoording. 'Zonder hoef geen paard' is niet voor niets een van de bekendste gezegden in de paardenwereld.
Het paard is een massief dier dat zijn gewicht laat dragen door opvallend kleine voeten en dunne benen. De ingewikkelde structuur van het weefsel en de botten waaruit de benen bestaan, moeten dat zware lichaam niet alleen ondersteunen maar ook in een vaak hoog tempo over allerlei verschillende bodems dragen. De ondergrond kan keihard zijn, bestaan uit zuigende modder, door karresporen voeren of bezaaid zijn met stenen.
Sinds meer dan 2000 jaar worden er hoefijzers gebruikt om de paardehoeven te beschermen tegen buitensporige slijtage. De draagrand is niet het enige gedeelte van de hoef dat kan lijden onder een verkeerd gebruik; alle delen van de hoef spelen een rol in het gezond houden van een paard.
Dit boek schetst in grote lijnen het belang van de paardehoef en geeft richtlijnen voor de juiste verzorging ervan. In het bijzonder houdt het zich bezig met het herkennen en voorkomen van mogelijke problemen.

Paarden in het wild

Wilde paarden hebben geen zorgzame eigenaren en deskundige hoefsmeden om hun hoeven in perfecte staat te houden. Toch slaagt het grootste deel van de wilde paarden erin oud te worden zonder grote problemen met hun hoeven. De verleiding is dan ook groot om te denken dat Moeder Natuur net zo goed zal zorgen voor de hoeven van onze paarden en pony's. Helaas vragen mensen dingen van paarden die van geen enkel wild paard verwacht zouden worden – buitenrijden, jagen, springen en rijden over asfaltwegen. Vaak zijn onze paarden ook nog gedwongen om vele uren per dag op stal te staan. De meeste van deze activiteiten vormen een onnatuurlijke belasting voor de benen en hoeven. Het is onze taak om met alles wat binnen ons bereik ligt ervoor te zorgen dat nadelige gevolgen worden opgeheven.
Stel je eens een wild paard voor dat in een kudde leeft en vrij is om in een groot gebied zijn weg te zoeken; het volgt de kuddeleider door vele kilometers gevarieerd terrein en graast zelden lang op een plek. Gewoonlijk bezoekt het minstens twee keer per dag een rivier of andere waterbron om te drinken. Zijn hoeven slijten net zo snel als dat ze groeien en zijn voer bevat voldoende vezels en essentiële mineralen om het hoorn sterk en gezond te houden.
Daarmee vergeleken leidt een gedomesticeerd paard maar een beperkt leven. Als het buiten komt is zijn gebied besloten tot een weiland. Als het bereden wordt, is de kans groot dat het daarbij op een verharde weg moet lopen. In onbeslagen toestand slijten zijn hoeven sneller dan dat ze aangroeien, vooral in een zacht en vochtig klimaat. Als het paard beslagen is, blijven zijn hoeven doorgroeien, terwijl het hoefijzer verslijt. In deze omstandigheden kunnen verwaarloosde hoeven veel problemen opleveren. Ze kunnen splijten of pijnlijk worden, en in het ergste geval kunnen ze zo lang worden dat ze aan de voorkant omkrullen.

De evolutie van de hoef

Ongeveer vijftig miljoen jaar geleden liep EOHIPPUS (het kleine 'dageraadspaard') op poten met tenen. Zijn voorpoten hadden vier tenen van hoorn en zijn achterpoten drie. Deze tenen droegen zijn gewicht door middel van eeltkussentjes. Zijn afstammeling MESOHIPPUS, die een paar miljoen jaar later leefde, was twee keer zo groot. Alle vier zijn poten hadden inmiddels drie tenen, waarvan de middelste het beste ontwikkeld was. Na tien miljoen jaar ontwikkelde het primitieve paard zich tot de MERYCHIPPUS. Deze voedde zich met gras in plaats van met bladeren, en zijn leefgebied was de open vlakte in plaats van het besloten bos. Alhoewel de twee zijdelingse tenen nog steeds aanwezig waren rustte zijn gewicht op één enkele hoef.
PLIOHIPPUS, die tien miljoen jaar geleden leefde, zwierf over de prairies waar hij niet alleen vrij kon grazen maar ook gemakkelijk kon ontsnappen aan zijn vijanden. Aan elke kant van het pijpbeen waren nog sporen aanwezig van de twee zijdelingse tenen.
Het hedendaagse paard, EQUUS CABALLUS, bestaat ongeveer een miljoen jaar. Het is een eenhoevig dier waarbij die ene overgebleven teen een ingewikkeld deel is van de bouw van de hoef (zie de tekening op bladzijde 7).
Bij het huidige paard beschermt de vlezige straal de benen door de schokken op te vangen als het paard loopt. Deze is zichtbaar aan de onderzijde van de hoef. Doordat de straal fungeert als een zacht stootkussen ondersteunt hij de bloedcirculatie. Vanwege deze redenen moet de hoef altijd zo bekapt worden dat de straal de grond raakt, zowel bij beslagen als bij onbeslagen hoeven.
De gevoelige binnenkant van de hoef wordt beschermd door stevig hoorn dat vanaf de kroonrand naar beneden groeit. Het hoorn is zo dik dat er hoefnagels in geslagen kunnen worden zonder dat het splijt, en het kan net zoals onze nagels worden afgeknipt en in vorm gebracht.

EVOLUTIE VAN HET PAARD

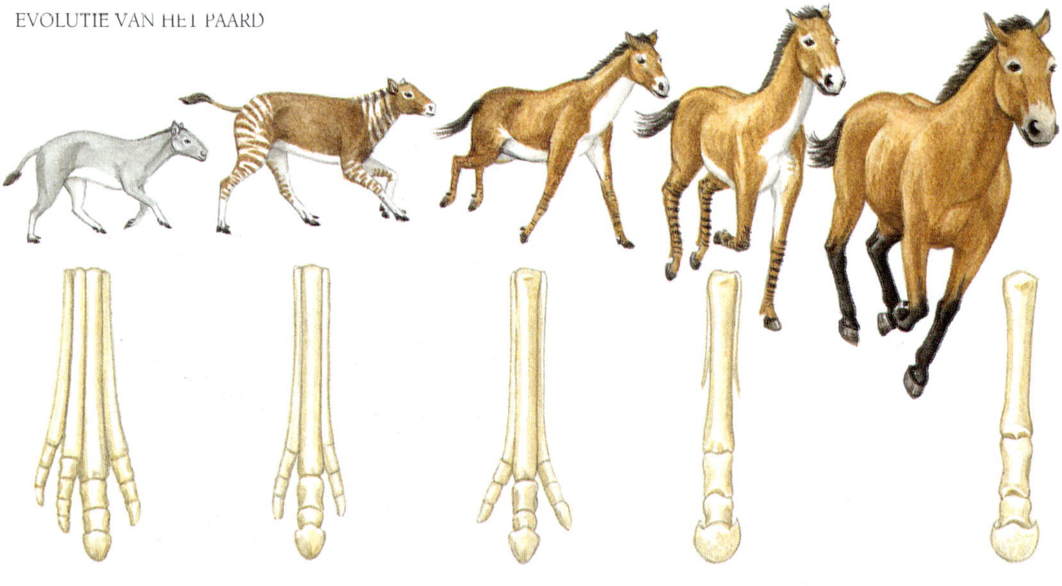

EOHIPPUS — MESOMIPPUS — MERYCHIPPUS — PLIOHIPPUS — EQUUS CABALLUS

EEN DWARSDOORSNEDE VAN DE HOEF

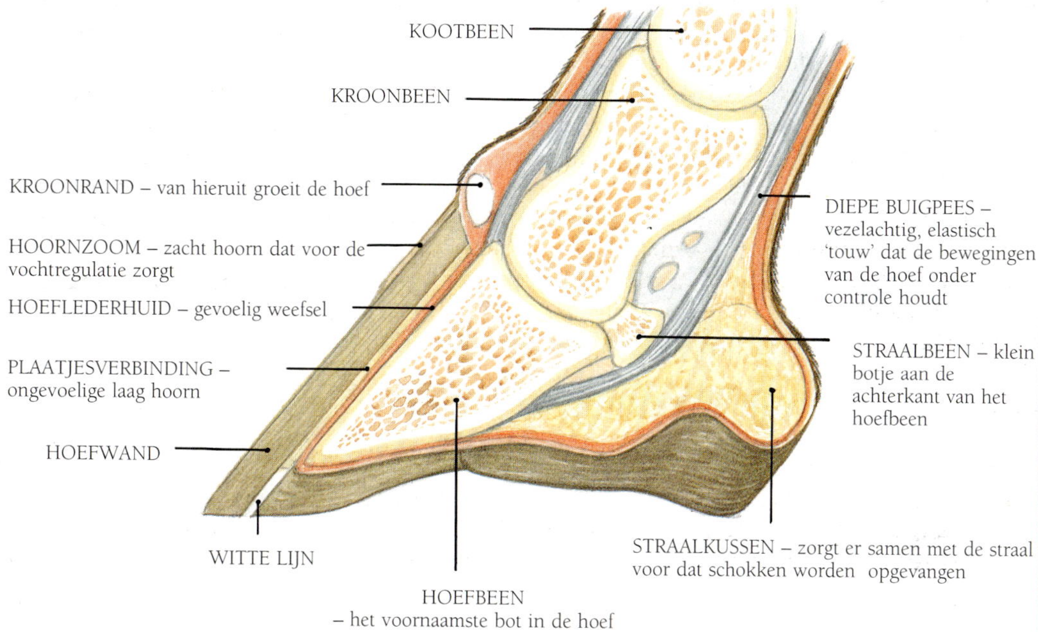

DE ONDERKANT VAN DE HOEF

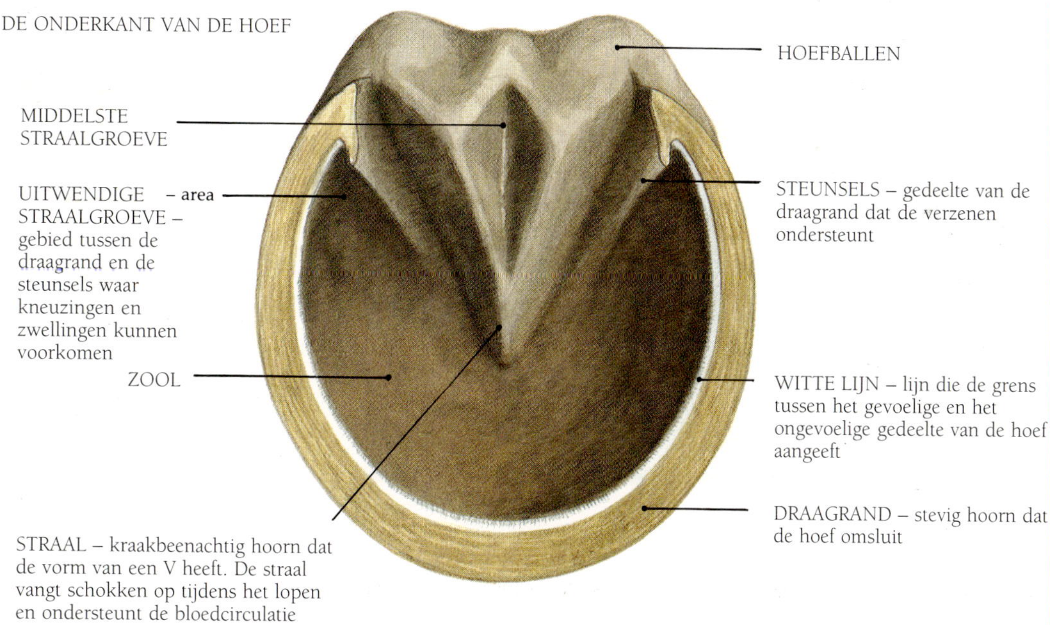

Verschillende vormen

Er zijn maar weinig paarden en pony's die perfect gebouwd zijn. Sommige exterieurfouten houden verband met elkaar: een zwaar hoofd dat laag gedragen wordt kan leiden tot slechte gangen; een licht gebouwde achterhand kan het spronggewricht extra zwaar belasten en een smalle borstkas kan tot gevolg hebben dat het paard bij grote snelheid de binnenzijde van zijn benen beschadigt.
Toch moet je de ideale vorm en stand van de hoef in gedachten houden als je een paard gaat kopen (zie onderstaande tekening). De reden daarvoor is natuurlijk dat hoe meer de hoeven in de buurt komen van het ideaalbeeld, hoe kleiner de kans is dat er problemen ontstaan wanneer het paard bereden wordt.
Tenzij je met je paard deel wilt nemen aan keuringen is er geen reden om een paard af te keuren alleen omdat zijn hoeven niet perfect zijn. De meeste fouten in de vorm en de bouw van de hoeven kunnen immers geminimaliseerd worden.

Veel paarden hebben bokhoeven, andere hebben brede, platte hoeven, en sommige paarden hebben hoeven die naar binnen of naar buiten wijzen.
Als je een vakkundige hoefsmid hebt, die kijk heeft op mogelijke problemen, kan er veel gedaan worden door zorgvuldig bekappen en een passend beslag. Het is vaak heel zinvol om een goed bekend staande hoefsmid om advies te vragen als je een paard gaat kopen.
Indien mogelijk moet de helling van de koot een hoek van 45 – 50 graden vormen met de grond als je een denkbeeldige lijn naar beneden trekt. Deze helling moet gelijk zijn aan die van de schouder. Tevens moet je een rechtop staande denkbeeldige lijn kunnen trekken vanaf de kogel tot de schouder en de manenkam.
Bokhoeven gaan vaak samen met steile koten en platte hoeven met lange en weke koten. In beide gevallen kunnen speciale ijzers de nadelige gevolgen van deze hoefvormen verminderen.

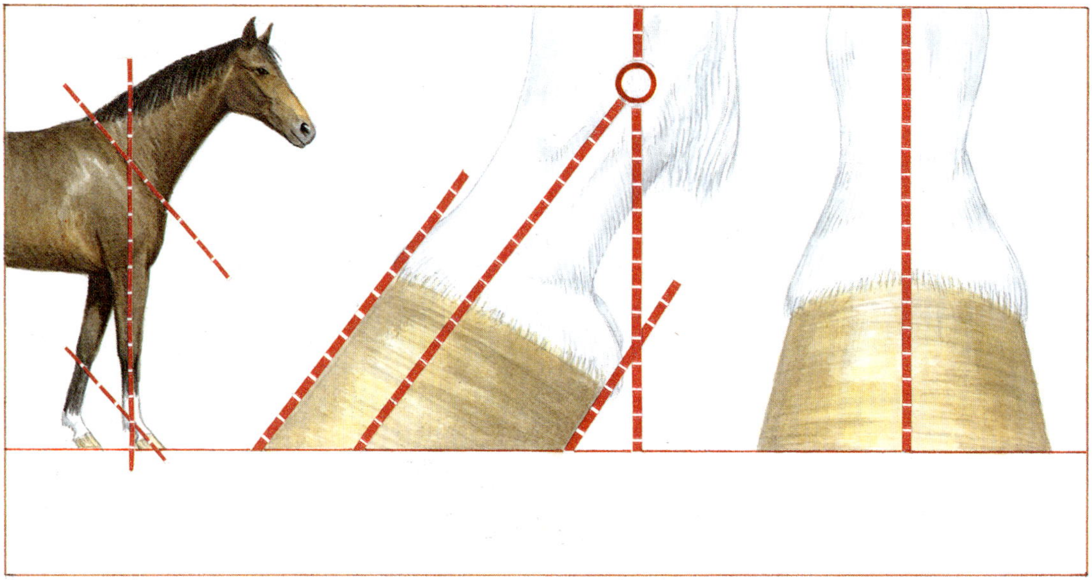

De hoeken vanaf de grond bij een normale hoef. Vanaf de zijkant moet de helling van de schouder gelijk zijn aan die van de koot (voetas).

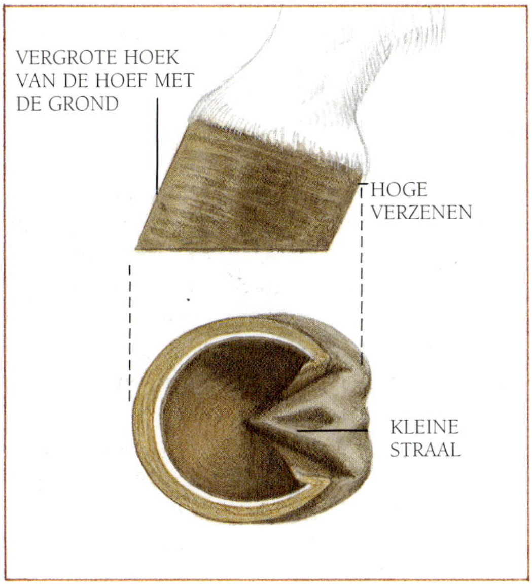

Bokhoeven hebben een korte toon (voorzijde) en vormen een grotere hoek met de grond. De smalle straal en de verhoogde verzenen kunnen een extra belasting vormen voor de gewrichten.

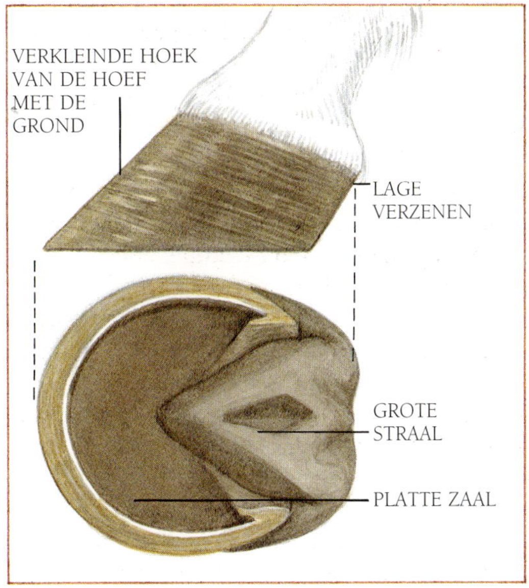

Platte, schuine hoeven vormen een geringere hoek met de grond en dat levert een grotere belasting van de pezen op. Het kan voorkomen dat de zool te vlak is, wat kan leiden tot barsten en kneuzingen.

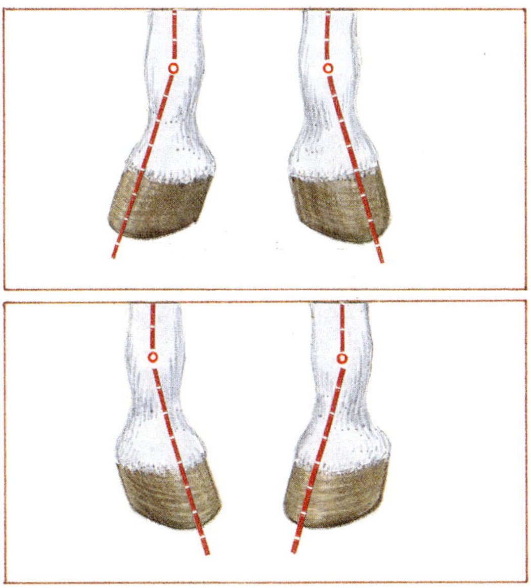

Naar buiten (boven) of naar binnen (beneden) wijzende hoeven gaan vaak samen met een smalle of een brede borst. Beide standen hebben tot gevolg dat de ijzers ongelijk afslijten.

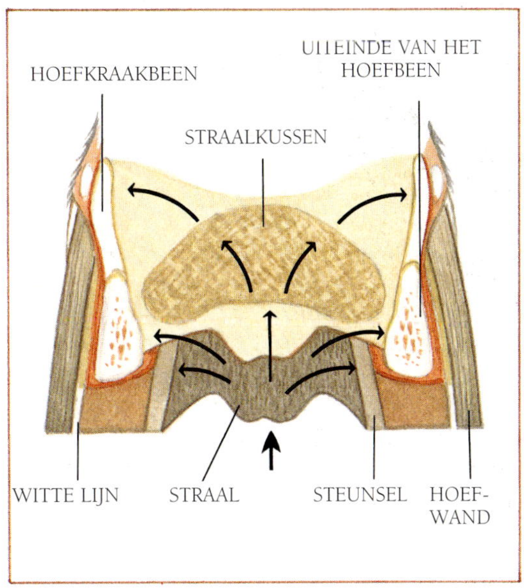

Dit schema laat zien hoe de hoef uitzet door het gewicht van het paard (dit wordt aangegeven door de richting van de pijltjes). Op deze manier vangt de hoef de schok op als het been wordt neergezet.

Onbeslagen hoef

Is beslag eigenlijk wel nodig als een paard of pony niet veel op de harde weg komt? Het antwoord daarop hangt grotendeels af van de kwaliteit van de hoeven.
Hoefijzers zijn niet noodzakelijk als de hoeven geod gevormd en hard zijn, met sterk hoorn en een goede straal, en als het dier een goede natuurlijke balans heeft en zijn hoeven recht neerzet. Ook speelt het een rol in welke omgeving het paard leeft en wat er van hem gevraagd wordt. Als je het geluk hebt dat je op een zachte en verende bodem kunt rijden, zullen de hoeven van je paard weinig bescherming nodig hebben.
Als een paard onbeslagen kan blijven, heeft dat beslist voordelen: zo zullen de kosten voor de hoefsmid aanzienlijk geringer zijn. Natuurlijk moet de hoefsmid ook dan de hoeven regelmatig bekappen om ervoor te zorgen dat hun vorm en gezondheidstoestand behouden blijft.
Als meerdere paarden bij elkaar staan, zijn onbeslagen hoeven veiliger omdat een klap dan minder schade kan veroorzaken. Bij ponykampen waar de pony's 's nachts samen in de wei worden gelaten wordt meestal vereist dat de dieren geen achterijzers hebben.
Paarden die voor een langere periode de wei in gaan, kunnen het beste onbeslagen blijven. De hoef kan dan ongestoord doorgroeien. Ook dan moeten echter de hoeven elke dag gecontroleerd worden en indien nodig bekapt. Regelmatige hoefverzorging, ook als het paard niet bereden wordt, houdt de hoef gezond en zorgt ervoor dat de vorm behouden blijft.
Soms worden halve-maanijzers gebruikt. Dit zijn kleine halve hoefijzers die aan de voorzijde van de onderkant van de hoef worden bevestigd. Ze voorkomen dat de voorzijde van de hoef gaat splijten.

Op plaatsen waar de paarden hoofdzakelijk op zachte grond worden bereden, zoals bij een manege met een buitenbak, zijn hoefijzers overbodig. De hoeven moeten natuurlijk wel regelmatig bekapt worden.

Wanneer meerdere pony's samen in de wei staan, is er minder kans op verwondingen indien de dieren onbeslagen zijn. Halve-maanvormige ijzers beschermen de voorzijde van de hoeven bij paarden die veel buiten lopen.

Hoeven en rassen

De hardheid van de hoef hangt samen met de dikte van het hoorn. Bovendien hebben sommige rassen harder hoorn dan andere.
In het algemeen hebben paarden uit droge hete woestijngebieden waar weinig gras is, van nature hardere hoeven dan paarden uit de natte weelderige streken in het noorden. Het is geen toeval dat al voor onze jaartelling de Kelten beschermende metalen ijzers uitvonden die men onder de hoef aanbracht en met nagels bevestigde.
Hoe dikker de hoefwand en de draagrand zijn, hoe duurzamer de hoef zal zijn. Op de rechterkant van deze bladzijde staan van boven naar beneden vijf paarderassen op volgorde van dikte en kwaliteit van hun hoeven. Het is echter niet gezegd dat jouw Arabier betere hoeven heeft dan de Engelse volbloed van een vriend of vriendin, en je moet de verzorging van de hoeven van je paard niet af laten hangen van dit lijstje.

Sommige mensen geloven dat een donkere hoef sterker is dan een licht gekleurde hoef. De kleur wordt veroorzaakt door pigment. Dit heeft geen invloed op de kwaliteit.

Hoefsmid

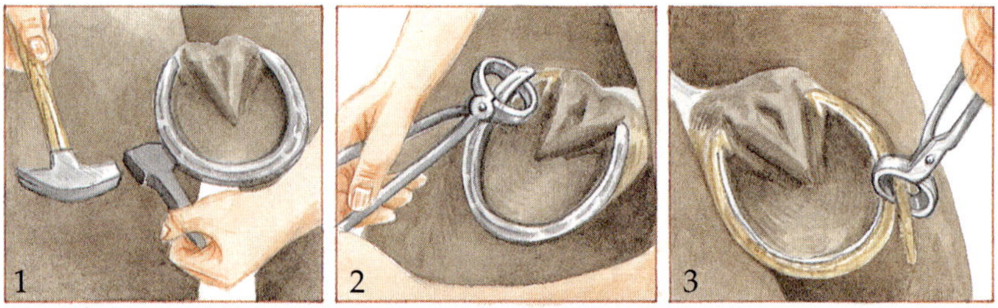

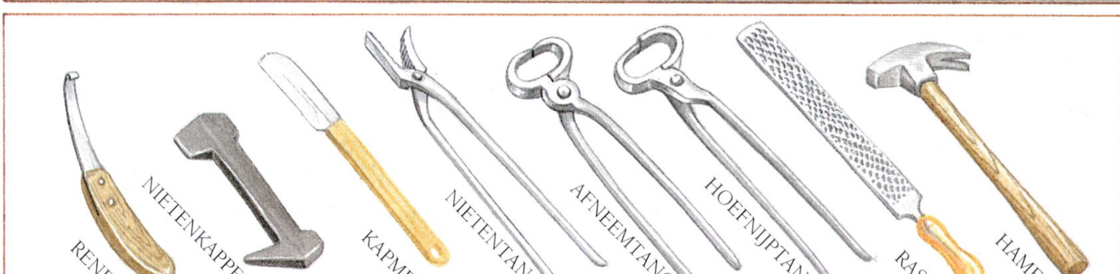

1. Met behulp van een nietenkapper en een hamer worden de hoefnagels teruggeslagen. 2. Het oude ijzer wordt verwijderd door middel van de afneemtang 3. De hoefnijptang wordt gebruikt om overtollig hoorn weg te halen en de witte lijn bloot te leggen. 4. Om het ijzer aan te kunnen brengen, wordt de onderkant van de hoef vlak gemaakt met behulp van een rasp 5. De smid legt het hete ijzer op de

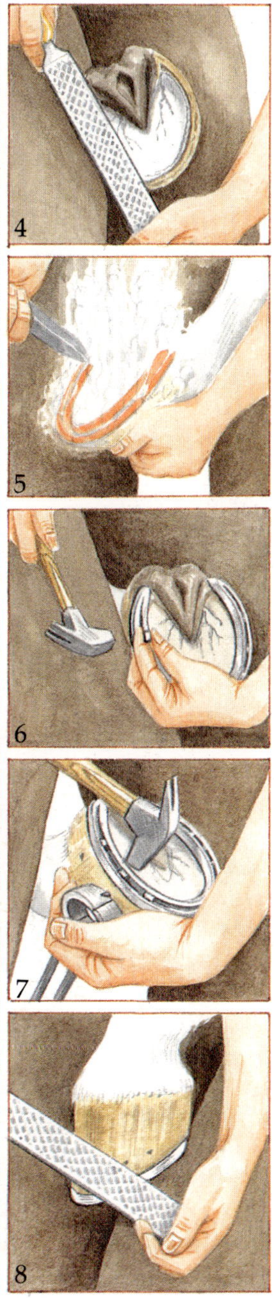

hoef om te kijken of de maat klopt. De plaatsen waar het ijzer de hoef heeft geschroeid, vormen een aanwijzing wat er nog aangepast moet worden aan hoef dan wel ijzer. 6. De nagels worden erin geslagen. 7. Het uitstekend topje van de hoefnagel wordt afgeknipt of afgekapt en omgeslagen om zodoende de 'niet' te vormen. 8. Het beslag wordt afgewerkt door de zijkanten van de hoef bij te raspen.

Hoefijzers vroeger en nu

Een 'paardeschoen' moet stevig op zijn plaats worden gehouden, en dat kan het beste gebeuren door middel van nagels. De Kelten, die vakkundige ijzerbewerkers waren, ontdekten dat het mogelijk was om hoefijzers aan te brengen door het bevestigen van nagels in het ongevoelige gedeelte van de hoef.
In het Midden-Oosten en rond de Middellandse zee hebben de Arabische paarden met hun harde hoeven weinig bescherming nodig. Toch werd er door de Romeinen een soort ijzeren sandaal gebruikt die door riemen op zijn plaats werd gehouden. De Grieken gaven daarentegen de voorkeur aan sandalen van geweven gras. Geen van deze sandalen was bestemd voor regelmatig gebruik. Het risico op uitglijden was groot, en bovendien zouden er gemakkelijk steentjes tussen hoef en sandaal kunnen komen. Zonder twijfel waren ze dan ook bedoeld als een soort verband voor zieke hoeven.
Het (ijzeren) hoefijzer bleef door de eeuwen heen heel populair. Soms waren deze hoefijzers voorzien van vaste kalkoenen om het paard meer houvast te geven. Bij vaste kalkoenen zijn de takken aan het uiteinde naar beneden omgeslagen. Ongeveer honderd jaar geleden werden hoefijzers voor het eerst voorzien van lippen om ze beter op hun plaats te houden.
In onze tijd is er een grote variatie in de vorm en het materiaal waarvan hoefijzers gemaakt zijn. Correctiebeslag kan een overmatige belasting van banden en pezen (als gevolg van een slechte bouw) verminderen. Ook kan het de gevolgen beperken van een verwonding, en het genezingsproces bevorderen door kwetsbare delen van de hoef te beschermen of te ondersteunen.
Bij renpaarden worden lichtgewicht aluminium of zelfs plastic hoefijzers gebruikt om te voorkomen dat te zware ijzers hun snelheid belemmeren.

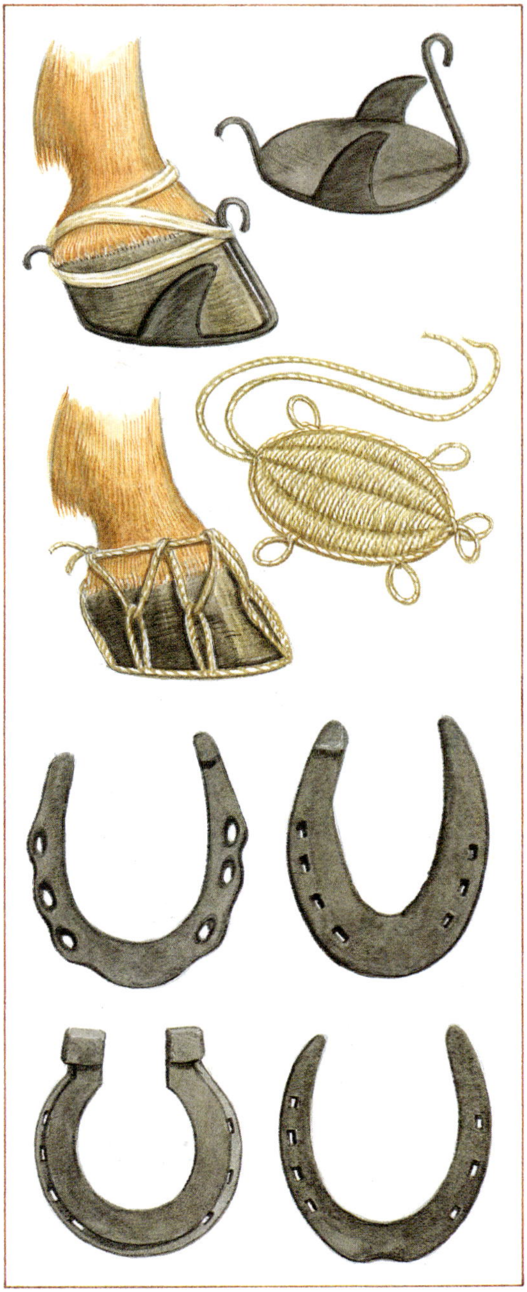

Hoefijzers uit het verleden: hipposandalen van ijzer (Romeins) en geweven gras (Grieks). Metalen hoefijzers: (v.l.n.r.) middeleeuwen, Tudor/Stuart (16e/17e eeuw), 'sleutelgat hoefijzer', 19e eeuw.

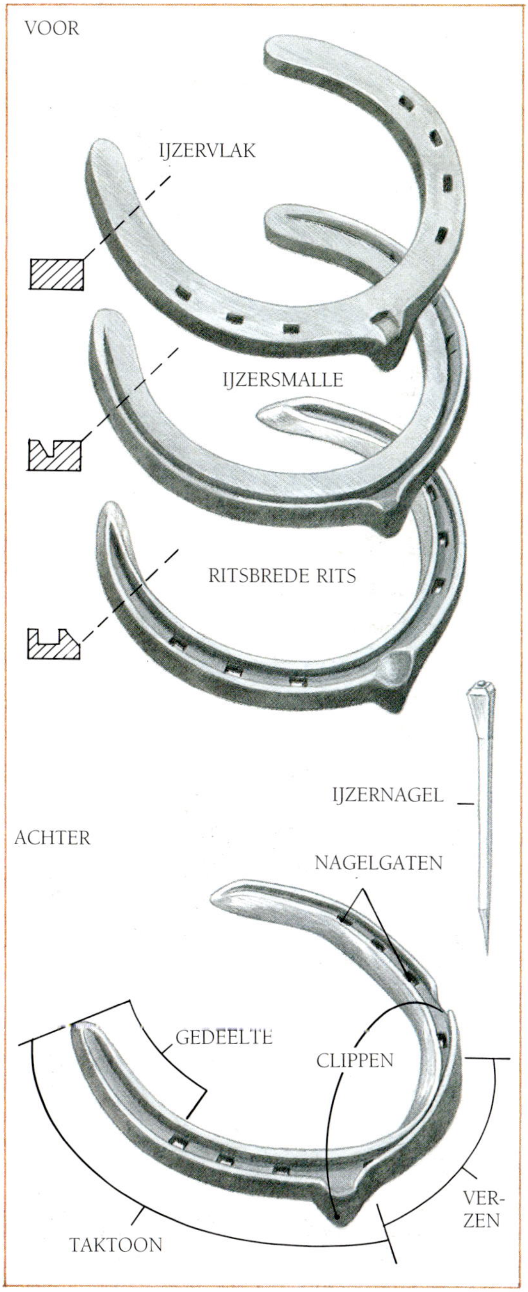

Hoefijzers uit onze tijd. Boven, vlakke voorijzers van ijzer, en voorijzers met een rits. Beneden, achterijzer met de namen van alle onderdelen.

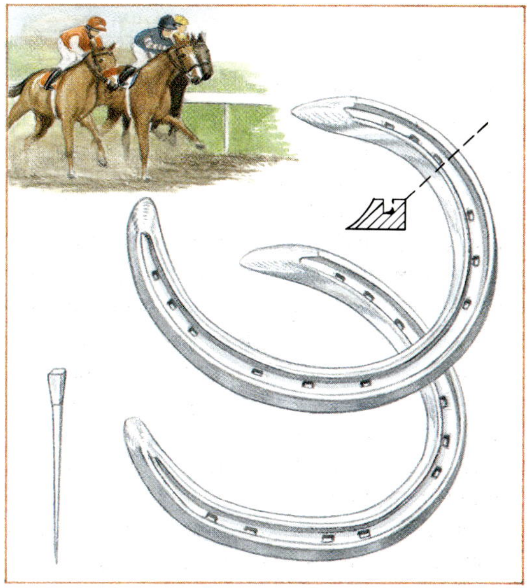

Lichtgewicht renijzers van aluminium met smalle nagelgaten en geen lippen. Deze hoefijzers worden alleen gebruikt voor renpaarden en kunnen gemakkelijk loslaten in een modderige bodem.

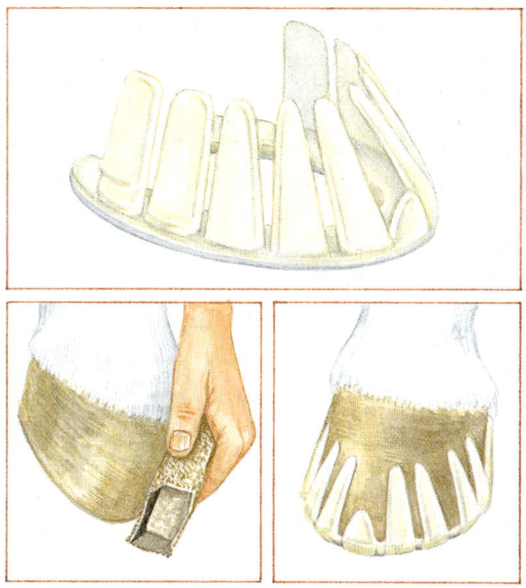

Plastic hoefijzers voor renpaarden. Net zoals de hippo-sandaal in het verleden wordt het 'ijzer' vast gemaakt aan de zijkant van de hoef. Voordat het ijzer op de hoefwand wordt gelijmd wordt deze eerst licht geschuurd.

Kalkoenen

Meestal worden er twee typen kalkoenen gebruikt; vaste en verwisselbare. Vaste kalkoenen zitten aan het ijzer vast en zijn bestemd voor paarden die veel op de harde weg moeten lopen. Verwisselbare kalkoenen zijn verkrijgbaar in vele soorten en maten en worden aangebracht als de ondergrond glibberig is. Vaste kalkoenen hebben de vorm van een plug en zijn aan het uiteinde voorzien van een harde punt. Ze worden vastgezet in een speciaal daarvoor bestemd gat in elke kant van het achterste gedeelte van het achterijzer. Omdat ze maar kort zijn, zullen ze de balans van de hoef niet nadelig beïnvloeden.
Verwisselbare of schroefkalkoenen moeten weer verwijderd worden zodra het paard of pony de wedstrijd beëindigd heeft. De gaten in het achterste gedeelte van het ijzer zijn voorzien van schroefdraad en moeten opgevuld worden met watten als ze niet in gebruik zijn. Meestal worden kalkoenen alleen bij de achterijzers gebruikt, maar bij dressuurpaarden gebeurt dit ook aan de voorijzers.

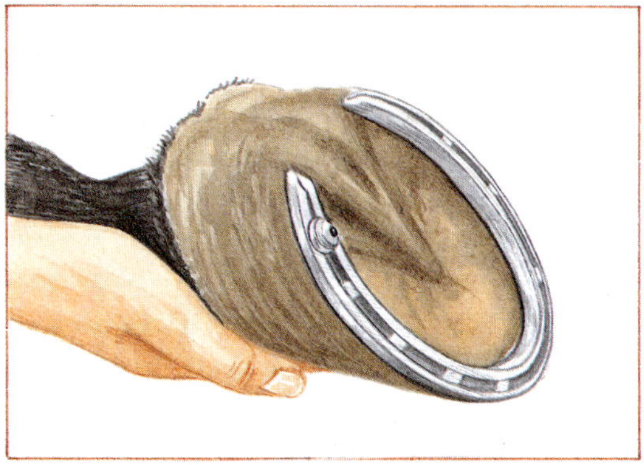

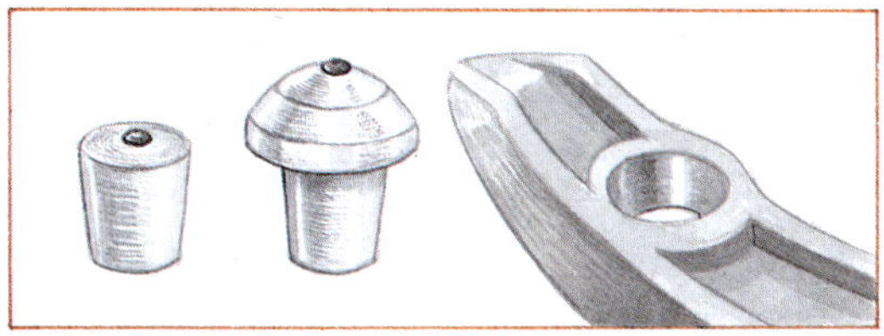

Vaste kalkoenen kunnen niet verwijderd worden. Bij de platte kalkoen (links) heeft alleen de harde punt een beschermende functie. De taps toelopende kalkoen in het midden heeft een punt van widea, een keiharde staalsoort.

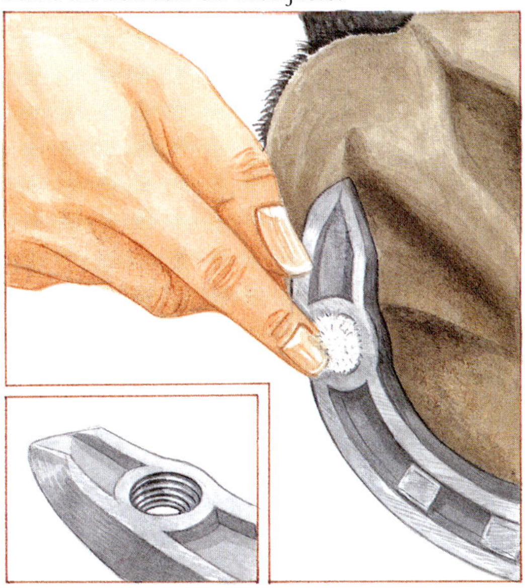

Schroefkalkoenen passen in een van schroefdraad voorzien gat in het achterste gedeelte van de takken van het achterijzer. Wanneer ze niet gebruikt worden moeten deze gaten worden opgevuld met gerafeld touw of watten.

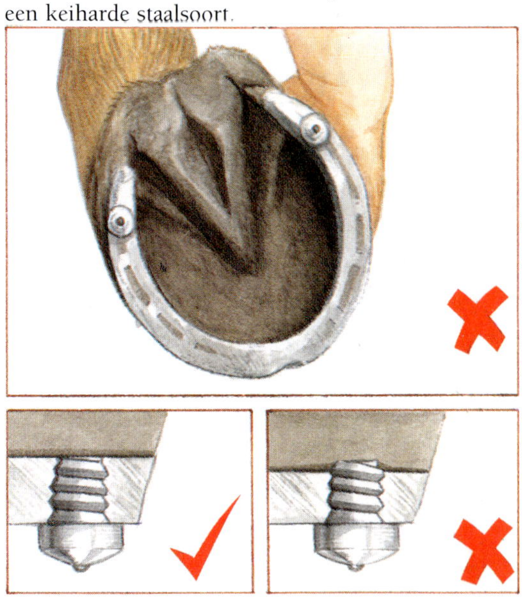

Als de hoefijzers afslijten wordt natuurlijk ook het schroefgat voor de kalkoenen kleiner. Om verwondingen van de hoef te voorkomen is het dan ook beter om bij versleten ijzers geen kalkoenen te gebruiken.

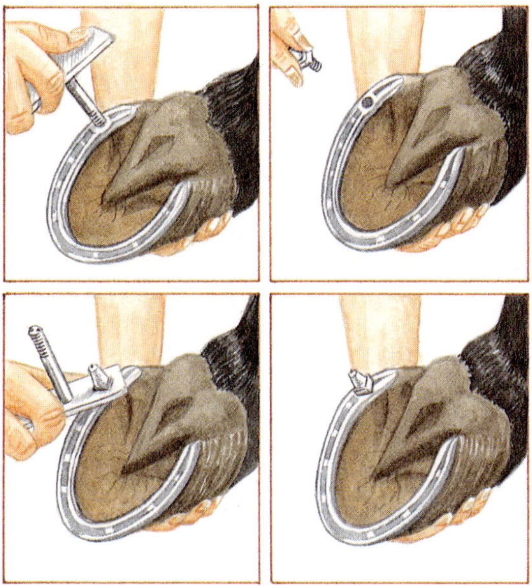

Verwijder de vulling en maak het gat schoon met een T-tap (een T-vormige schroefsleutel). Schroef de kalkoen in het gat en draai hem aan met een daarvoor bestemde sleutel. De kalkoen wordt bevestigd in het achterste gedeelte van het achterijzer.

Schroefkalkoenen kunnen alleen op de harde weg gebruikt worden als ze speciaal daarvoor bestemd zijn. Deze kalkoenen zijn kort en stomp en hebben een punt van widea.

Standaard kalkoenen zijn overal verkrijgbaar en worden gebruikt voor zowel dressuur en vlakkebaanrennen als voor springen. Als je kalkoenen wilt gaan gebruiken, moet het paard beslagen worden met ijzers die voorzien zijn van schroefgaten.

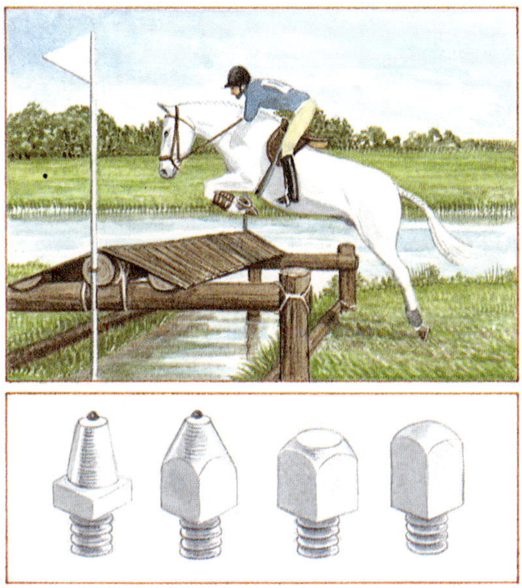

Welke kalkoenen je neemt, hangt af van de ondergrond. Als de bodem hard en droog is, moeten spitse kalkoenen gebruikt worden. Grote vierkante kalkoenen geven extra houvast in de modder.

Hoefverzorging

Bij een stalpaard is de (dagelijkse) verzorging van de hoeven vanzelfsprekend. Het uitkrabben van de hoeven en het controleren van de hoefijzers is een onderdeel van de dagelijkse routine. Bij weidepaarden is dezelfde regelmatige controle noodzakelijk. Omdat zij vaak niet elke dag in de hand komen wordt dat eerder vergeten. Algemene hoefverzorging houdt in: het uitkrabben van de hoeven; het grondig schoonmaken van de onderzijde; het verwijderen van vuil en kleine steentjes door middel van een hoevenkrabber; het controleren van de hoef op sneetjes en gevoelige plekken en het voelen van de kogel en de koot om te weten te komen of deze warm of gezwollen zijn. Ten slotte moet de toestand van de ijzers geïnspecteerd worden. Bel de hoefsmid voordat het ijzer totaal versleten is. Als de hoeven bros of gespleten zijn kunnen speciale toevoegingen door het voer worden gemengd om de groei van sterk en gezond hoorn te bevorderen.

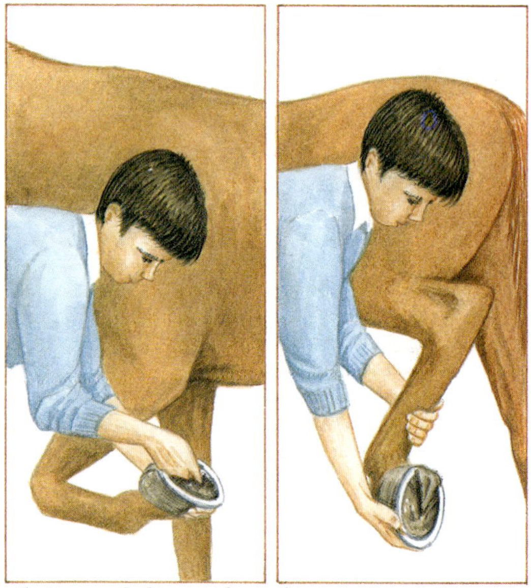

Als je met de hoeven bezig bent sta je met je rug naar het paardehoofd. Tijdens het bekijken van de onderkant van de hoef ondersteun je met één hand het gewicht van het paard. Daarna zet je het been weer voorzichtig op de grond.

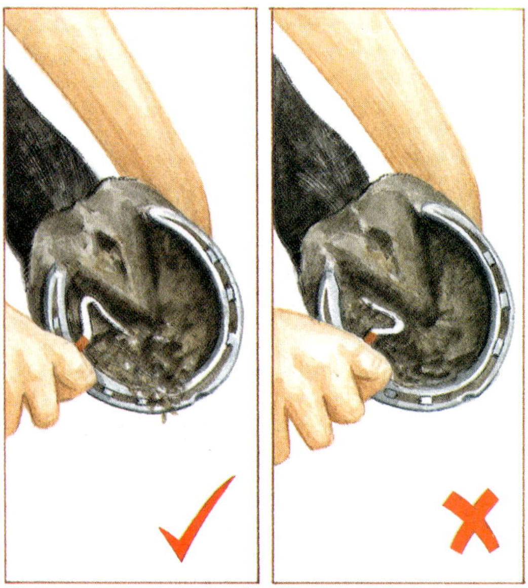

Gebruik een hoevenkrabber om vuil te verwijderen op de zolen en rond de straal. Om te voorkomen dat het been gewond raakt als je tijdens het hoevenkrabben een keer uitschiet moet je altijd van je af krabben.

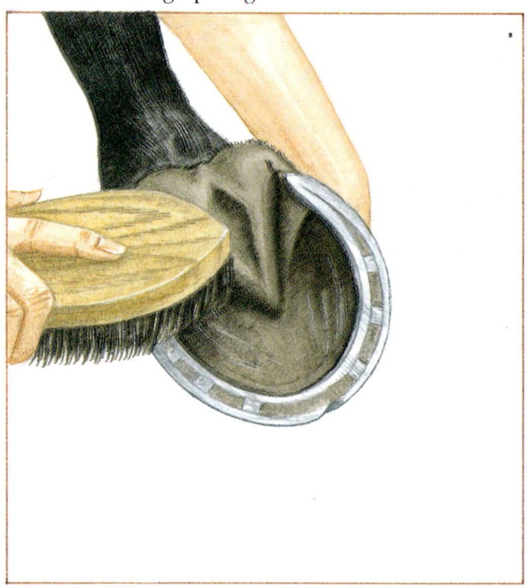

Als eenmaal het meeste vuil verwijderd is, maak je de zool schoon met een waterborstel. Als je klaar bent moet je de verzenen goed afdrogen.

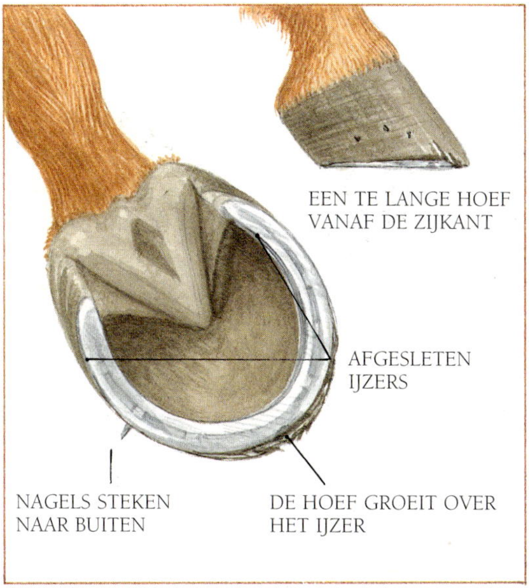

Dit zie je als een paard nieuwe ijzers nodig heeft: de hoeven zijn lang en het hoorn groeit over het ijzer. Verder is het hoefijzer versleten of verwrongen en zitten de nagels los aan de onderkant, en steken de nieten uit aan de bovenkant.

Bij keuringen en wedstrijden zorgt hoefvet voor de puntjes op de i. Je moet het echter niet dagelijks gebruiken omdat de hoef dan geen water meer op kan nemen. Hierdoor kan het hoorn bros worden.

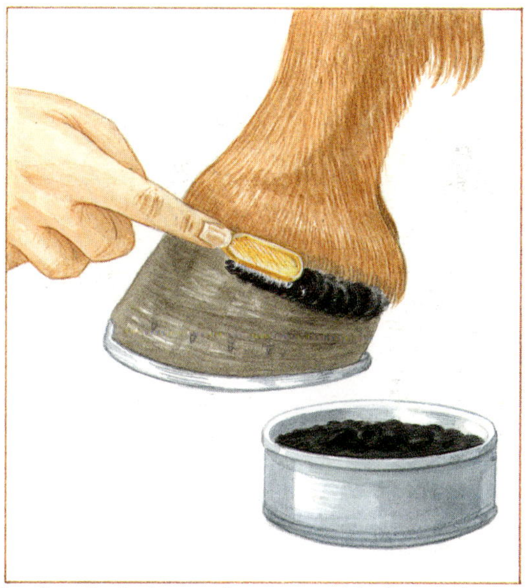

Voedingsmiddelen die aminozuren bevatten stimuleren de groei van gezond hoorn. Zemelen hebben een hoog gehalte aan fosfor en dat heeft een nadelig effect op de groei van de hoef. Lijnzaadolie en vitaminen zijn daarentegen redelijk effectief. Ribbels op de hoefwand zijn kenmerken van een slechte voeding. Om de hoefgroei te bevorderen kun je een speciaal daarvoor bestemde zalf op de kroonrand smeren.

Laminitis

Hoefbevangenheid (laminitis) is een ontsteking van de hoeflederhuid, de verbinding tussen het hoorn en het hoefbeen. De oorzaak is simpel: te veel eiwitrijk voer en te weinig beweging. Hoefbevangenheid komt veel voor in het voorjaar en de vroege zomer bij pony's die in te vette weilanden grazen, maar het kan bij elk paard op elk tijdstip voorkomen als het te veel krachtvoer krijgt in relatie tot de prestaties die het moet leveren.

De pijn die het paard voelt als de hoeflederhuid ontstoken is, wordt wel vergeleken met de pijn die je voelt als je voeten zijn opgezwollen en in te kleine schoenen zijn geperst. Helaas kunnen paarden niet zoals mensen hun schoenen uittrekken om de pijn te verlichten.

Het eerste teken van hoefbevangenheid is dat de pony geneigd is om zijn gewicht naar het achterste gedeelte van de hoef te verplaatsen. Aangezien hoefbevangenheid altijd in de voorbenen begint zal de pony zodanig gaan staan dat zijn voorbenen naar voren zijn gestrekt en zijn gewicht op zijn verzenen rust. Het is heel belangrijk dat het dier onmiddellijk wordt behandeld door een dierenarts. De pony moet op stal gezet worden en op een streng dieet gezet. De dierenarts zal ontstekingsremmende medicijnen toedienen, en de hoefsmid kan de pony zodanig beslaan dat de druk in de hoef verminderd wordt. Alhoewel beweging pijnlijk is en de pony niet zal willen meewerken moet je proberen om hem wat te laten stappen: dit kan de bloedcirculatie stimuleren. Het koelen van de benen in stromend water kan de pijn wat verlichten.

Als hoefbevangenheid verwaarloosd wordt kan het leiden tot een blijvende beschadiging van de hoef aangezien de zool omlaag zakt en het hoefbeen kantelt. Zelfs na een lichte aanval zullen karakteristieke ribbels achterblijven op de buitenkant van de hoeven en zal het dier in het vervolg extra gevoelig zijn voor deze ziekte.

Als je pony hoefbevangen is zal hij zo staan: de voorbenen gestrekt en het gewicht op de verzenen. Het is heel belangrijk om hem meteen op stal te zetten en de dierenarts te roepen.

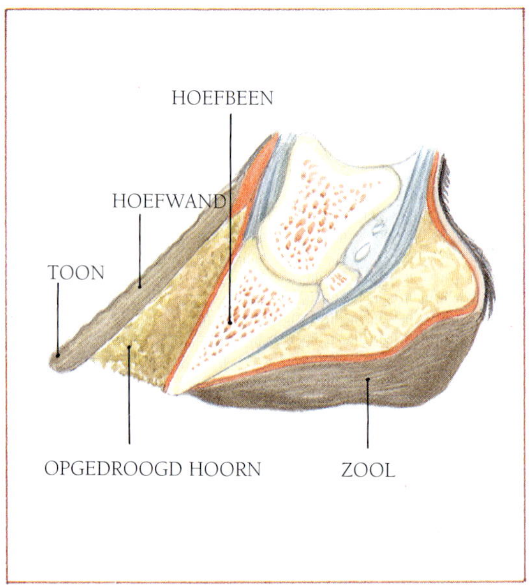

Na een zware aanval van hoefbevangenheid zal het hoefbeen loslaten van de hoornwand waardoor de toon naar buiten wordt geduwd. Het hoefbeen kantelt en doorboort de inmiddels omlaag gezakte zool.

De pijn kan verlicht worden door de hoeven af te koelen. Op deze tekening wordt daarvoor een tuinslang gebruikt.

Nog beter dan een tuinslang is een beekje waar alle vier de hoeven tegelijkertijd afgekoeld kunnen worden. Niet alle beekjes zijn geschikt: ideaal is een grindbodem en langzaam stromend water.

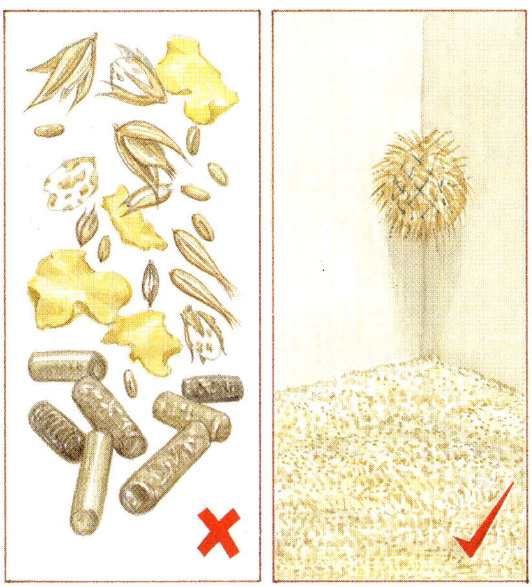

De hoeveelheid voer moet sterk verminderd worden en alle krachtvoer wordt geschrapt. De pony mag alleen een beetje hooi hebben, en de bodem van de stal moet bestaan uit turfmolm of zaagsel.

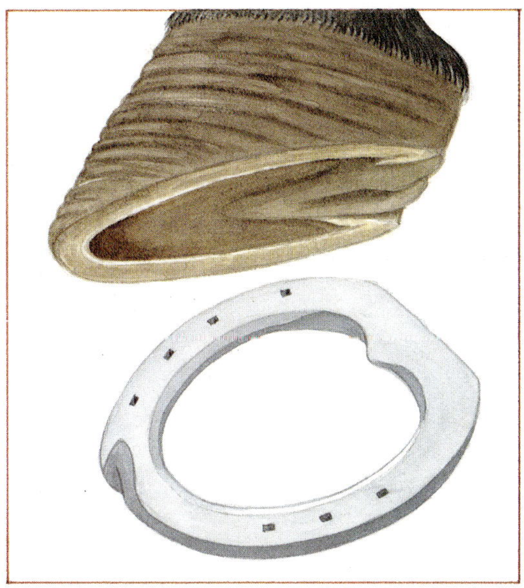

Door een aangepast beslag kan de hoef sneller herstellen. Vaak wordt daartoe een balkijzer gebruikt. Hierdoor rust het gewicht op de straal in plaats van op de verzenen. De hoef van een paard dat hoefbevangen is geweest, ontwikkelt hoefringen.

Exterieurproblemen en oplossingen

Niet alleen mensen maar ook paarden lopen als gevolg van een slechte lichaamsbouw onhandig en oneconomisch. Dit wordt nog verergerd als het paard sneller loopt of moe wordt. Als de hoeven elkaar dan raken kan het paard zich verwonden.

Soms komt het voor dat de binnenkant van een voorijzer tegen het andere voorbeen aanslaat (strijken). Dit kan vlak bij de knie gebeuren of ter hoogte van de kogel.

Als tijdens het lopen de toon van de achterhoef op de achterkant van de voorhoef trapt heet dat balbetrappen. Dit komt vooral voor als het paard snel galoppeert of springt.

Onhandige bewegingen kunnen er ook toe leiden dat de hoefijzers ongelijk afslijten. Als een paard 'klapt'. Het kan zelfs gebeuren dat hij een ijzer aftrapt.

In de meeste gevallen is een aangepast beslag gelukkig voldoende om deze fouten te minimaliseren.

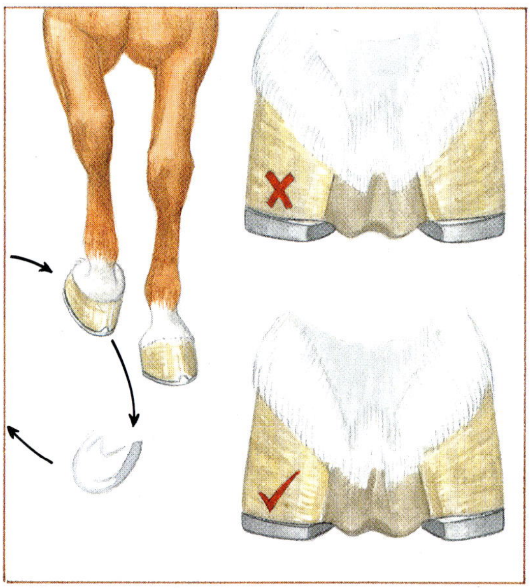

Scheppen is een fout die veel voorkomt bij paarden waarvan de voorhoeven naar buiten wijzen (de Franse stand). De hoef draait tijdens het lopen naar binnen toe, en om dit tegen te gaan moeten de binnentakken van de hoefijzers verlaagd worden.

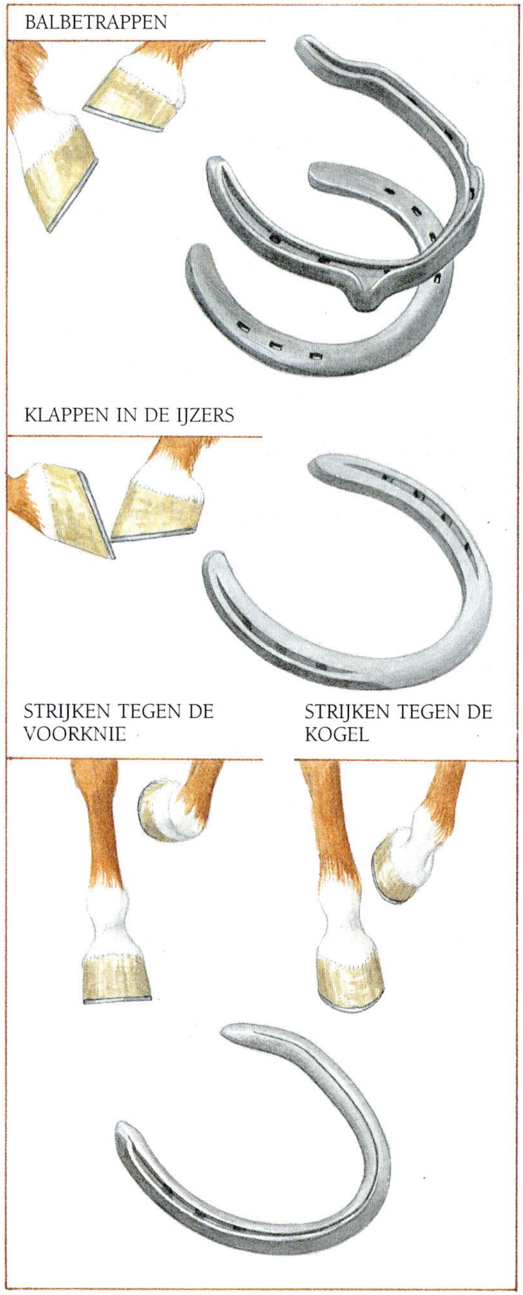

Rechts: bij balbetrappen is een hoefijzer nodig met opzet en lange binnentak; bij klappen krijgen de achterhoeven ijzers met twee zijlippen (klapijzers); als een paard strijkt wordt het beslagen met hoefijzers met korte, smalle binnentakken.

Slecht hoefbeslag

Het niveau van de hoefsmeden is de afgelopen jaren flink gestegen en de meeste hoefsmeden hebben een diepgaande kennis van de anatomie van de hoef en de problemen die kunnen ontstaan. Toch zijn er nog steeds ondeskundige hoefsmeden, en als paardebezitter moet je in staat zijn om een slecht beslag te herkennen. Bij een goed beslag wordt het hoefijzer aangepast aan de vorm van de hoef, en niet andersom.

Wanneer de hoef wordt klaargemaakt voor het beslag, moet eerst de draagrand vlak worden gemaakt. De toon mag niet korter gemaakt worden door hem bij te raspen. De straal, de zool en de steunsels mogen niet meer bijgesneden worden dan noodzakelijk is.

Als het ijzer op zijn plaats zit, moet de lip van het voorijzer in het midden zitten. De verzenen mogen niet te kort of te lang zijn. De nieten moeten verzonken liggen in de wand en een rechte lijn vormen. De hoef mag niet bijgeraspt worden boven de nieten.

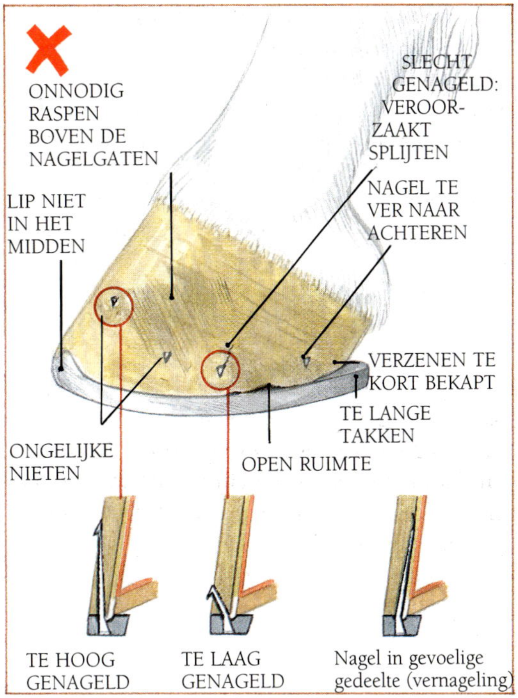

Slecht gemaakte ijzers en ondeskundig voorbereide hoeven. Boven: de straal ligt niet op de grond. Onder: het ijzer is ongelijk en de hoef is krom en staat niet recht op de grond.

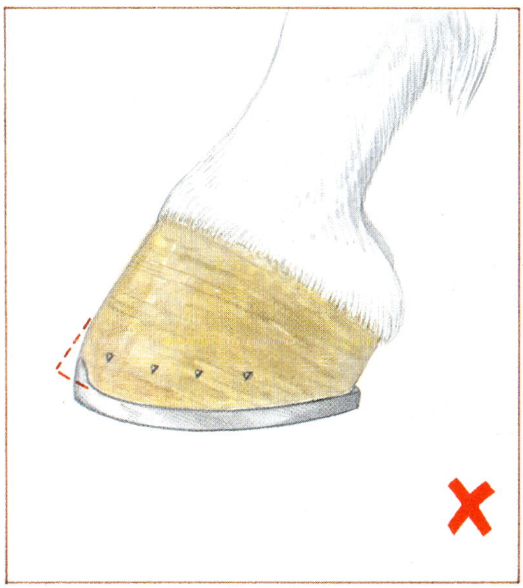

Wanneer de hoef wordt ingekort omdat het ijzer anders niet past is dat een grove fout. Het kan onder andere tot gevolg hebben dat de hoeven bros worden.

Hoefproblemen

Sommige hoefproblemen kunnen kreupelheid veroorzaken. Bij droog, heet weer, en vooral als het hoorn van zichzelf al bros is, kan de hoef gaan scheuren.
Een draagrandscheur is niet ernstig, mits er tijdig iets aan gedaan wordt. Het is een scheur in het hoorn die ontstaat aan de onderkant van de hoef. Wanneer de hoef bekapt wordt kan de scheur worden weggesneden.
Een ernstiger probleem is de kroonrandscheur. Dit is een scheur die vanaf de kroonrand naar beneden loopt.
Een losse wand is een ruimte die ontstaat doordat de hoefwand loslaat van de zool op de plaats van de witte lijn. De ruimte vult zich met afgebrokkeld hoorn. De behandeling bestaat uit het schoonmaken van de holte en het opvullen ervan met teer en watten.

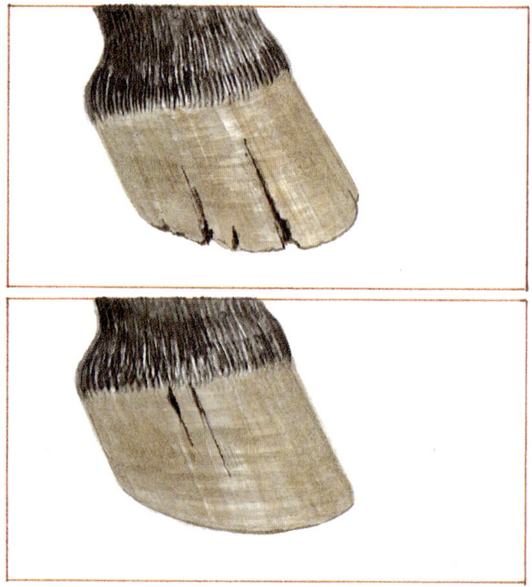

Er zijn twee vormen van hoornscheuren. Draagrandscheuren (boven) komen voor bij te lange hoeven. Kroonrandscheuren (onder) zijn ernstiger en ook moeilijker te behandelen.

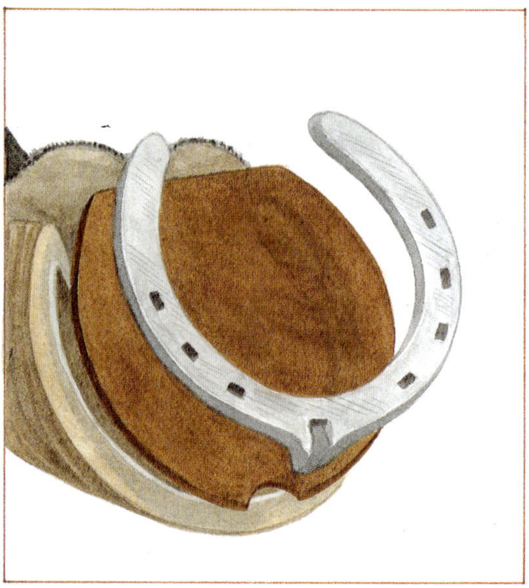

Om gekneusde of gewonde zolen te beschermen tegen infecties kan een leren zooltje worden aangebracht tussen de hoef en het ijzer.

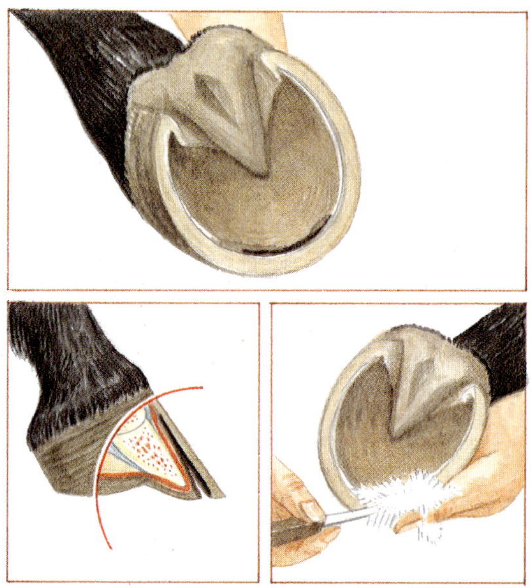

Bij een losse wand laat de hoefwand los van de hoeflederhuid. Om infectie te voorkomen moet de ruimte opgevuld worden met teer en watten.